No vayas a pescar sin un anzuelo

Guía Prematrimonial Paso a Paso

Breckney G. Shaw

ISBN: 979-8-9922679-1-4

Tabla de Contenidos

Introducción

Hace décadas, había un famoso cantante y compositor, Al Green, quien lanzó una exitosa canción titulada "Cansado de estar solo." La letra nos recuerda cómo una persona puede llegar a un punto en su vida en el que literalmente se cansa de estar sola. Ir de compras al supermercado, por ejemplo, se vuelve monótono, y ser parte de una fiesta de bodas es halagador, pero después de la celebración, regresas solo a casa. Llega un momento en el que estás listo para asentarte con alguien a quien puedas amar profundamente y que te ame de la misma manera. Dios nos dice en Génesis 2:18, después de crear a Adán: "No es bueno que el hombre esté solo; le haré una ayuda idónea para él." Esta declaración tiene implicaciones tanto para hombres como para mujeres. Después de quitarle una costilla a Adán y crear a una mujer de la costilla de Adán, Dios la trajo para llenar el vacío de una contraparte adecuada. Lo que sucedió en el capítulo dos de Génesis cumple con el plan de Dios en el capítulo uno de Génesis. Dios dijo: "Hagamos al hombre a nuestra imagen, conforme a nuestra semejanza; varón y hembra los creó" (Génesis 1:17). Los seres humanos son seres sociales por diseño. No es normal que una persona desee vivir en aislamiento, lejos de la familia y los amigos. A medida que los seres humanos maduran y pasan de la adolescencia a la adultez, el estado de soltería permanece con ellos hasta que se casan.

Sin embargo, el matrimonio puede no ser para todos. Hay varias razones por las que algunos adultos prefieren una vida de soltería en lugar de una vida matrimonial. Algunos están solteros porque no han encontrado a la persona adecuada para casarse. Otros tienen el don de estar solteros y no tienen el deseo de casarse. Luego está el grupo de los que vuelven a estar solteros después de un divorcio, la muerte de un cónyuge o una ruptura. Otra razón puede encontrarse en un artículo interesante de Psychology Today, escrito por Fredric

Neuman, MD, que explora la pregunta: "¿Por qué algunas personas no pueden encontrar a alguien con quien casarse?" Sin embargo, una vez que una persona se da cuenta de que ya no desea estar sola y ya no quiere simplemente perseguir otra relación de novia o novio, está lista para buscar un cónyuge.

Hace años, después de encontrar a mi posible cónyuge, la llevé a conocer a mis padres. Después de conocer a mis padres, la llevé a visitar a mis abuelos, a quienes cariñosamente llamamos mamá y papá. Estuvieron felizmente casados durante más de 60 años y tuvieron 12 hijos. Mis hermanos y yo tuvimos la fortuna de vivir con ellos durante nuestros primeros años. Recuerdo que nuestra habitación estaba al lado de la de ellos y que hablaban mucho, especialmente por la noche, en su cama. También recuerdo que reían mucho y trabajaban juntos como un equipo. Una de las cosas que hacían bien era conocer el carácter de cualquiera que lleváramos a su alrededor. Así que quería obtener su opinión e impresión de ella antes de avanzar más en la relación. La visita pareció haber ido bien.

Antes de que mi novia y yo dejáramos su hogar, mi abuelo me dijo: **"Hijo, no vayas a pescar sin un anzuelo."** Me quedé perplejo por la declaración, pero no pregunté qué quería decir con eso. Después de varios meses, el enigma me molestó porque no entendía lo que quería decir. Así que finalmente decidí pensar en lo que estaba diciendo. Luego me pregunté, ¿por qué alguien iría a pescar sin un anzuelo? No planeas atrapar peces si no tienes un anzuelo. Estás perdiendo el tiempo o pretendiendo pescar. Así que mi interpretación del enigma de mi abuelo es: **No le hagas perder el tiempo si no estás realmente interesado en casarte con ella. Más tarde, me casé con ella.** Hemos estado felizmente casados durante 37 años y contando.

Algunos pueden preguntarse cómo encontrar a esa persona especial para casarse. Dada la alta tasa de divorcio, muchos tienen una visión temerosa o pesimista del matrimonio. Ser una pareja divertida al principio del matrimonio no significa que el divorcio esté fuera de la posibilidad en el futuro. A veces, las personas cambian con el tiempo y se convierten en personas diferentes que ya no adhieren a "hasta que la muerte nos separe." Por otro lado, por mi experiencia y la de varios amigos, sabemos que es posible tener un matrimonio armonioso si eres paciente con el proceso y **experimentas el verdadero amor con la persona adecuada.** Cuando su amor mutuo es incondicional, puede durar hasta que la muerte o el Rapto lo pongan fin. Si decides buscar un cónyuge, te recomiendo hacerlo para **no perder el tiempo.** Buscar un cónyuge no significa que necesites apresurarte a casarte, pero sí necesitas ser intencional.

El **propósito de este libro** es brindarte una estrategia y un proceso para ayudarte a **administrar tu tiempo y evaluar a las personas**, para que puedas tomar la decisión más sabia posible. El término evaluar significa examinar para posible aprobación o aceptación. ¿Puedo garantizar que tendrás un matrimonio a prueba de divorcio? No, eso dependerá de las dos personas involucradas en el matrimonio. Hay varias cosas que pueden llevar al divorcio. Sin embargo, teológicamente, Jesús nos da una visión de la causa raíz del divorcio.

Jesús les dijo: "Por la dureza de su corazón, Moisés les permitió divorciarse de sus esposas, pero desde el principio no ha sido así. Y yo les digo, que cualquiera que se divorcie de su esposa, excepto por inmoralidad sexual, y se case con otra, comete adulterio." (Mateo 19:8-9)

La frase dureza de corazón proviene de la palabra griega *sklerokardia,* que se refiere a ser obstinado o completamente inflexible y sin sentimientos. *Kardia* es la palabra griega para corazón y se refiere al intelecto, la voluntad y la emoción del hombre interior. Cuando alguien tiene un corazón endurecido, *intelectualmente* sabe lo que debe hacer, pero se niega a reconocer lo que sabe que es correcto. Cuando alguien tiene un corazón endurecido, *voluntariamente* puede elegir hacer lo correcto, pero se niega a elegir hacerlo. Finalmente, cuando alguien tiene un corazón endurecido, *emocionalmente* puede sentir lo que es correcto e ignorar o suprimir lo que siente que es lo correcto.

Por lo tanto, el matrimonio termina cuando una o ambas partes llegan a este punto. Así que, mientras lees este libro, que puedas invertir tu tiempo sabiamente al descubrir a esa persona que tiene un corazón para ti y tú para ella.

Paso 1
Preparación para la Aventura

Ámate a ti mismo antes de poder amar a alguien más

Antes de buscar tu verdadero amor, necesitas saber si te amas a ti mismo o no. Si no te amas a ti mismo, ¿cómo podrás amar verdaderamente a otra persona? Desafortunadamente, las personas que no se aman a sí mismas pueden terminar descuidándose o hiriéndose a sí mismas. El auto-desdén puede tener consecuencias negativas. Así que cuídate lo suficiente como para considerar amarte a ti mismo.

La Biblia es una gran fuente de sabiduría y respuestas para los problemas cotidianos. En cuanto al amor, Jesús nos enseña que el principal objeto de nuestro amor es Dios, como se muestra en Lucas 10:27. Amar a Dios requiere un encuentro y una interacción intelectual, volitiva y emocional con Dios, tu creador. Cuando las personas creen en Dios, tienen un acceso adicional a Él a través de la fe, la oración, la meditación, Su palabra escrita y el Espíritu Santo.

Cuando practicamos amar a Dios, nos prepara para amarnos a nosotros mismos y a nuestro prójimo. Ser capaz de amar a tu prójimo adecuadamente depende de tu capacidad para amarte a ti mismo. Sin embargo, no puedes amarte genuinamente si no amas a Dios. Cuando puedes mostrar tu amor por Dios, también tendrás visión de cuán bueno es Él. El Dios de la Biblia es tan bueno y te ama tanto que dio a Su único Hijo, Jesucristo, para morir en tu lugar y darte un pacto eterno de perdón. Como uno que es perdonado por Dios, se te concede acceso eterno a Él y a Su reino. Dios solo quiere lo mejor para ti. Dios no te abandona cuando cometes un error, pero Él te rescatará y restaurará si valoras tu relación con Él.

Una vez que pienses en quién es Dios y lo que ha hecho por ti, eso debería poner una sonrisa en tu rostro y gratitud en tu corazón. Este tipo de iluminación te ayuda a reconocer que Dios es misericordioso y bondadoso, perdonador y dispuesto a adoptarte y hacerte parte de Su divina familia real. Ten en cuenta que estamos hechos a imagen de Dios. Cada uno de nosotros es un original. Los originales valen más que las copias. Nadie puede vencerte siendo tú.

Desafortunadamente, algunas personas no se ven a sí mismas como atractivas o dignas de amor divino o amor propio. Comienzan a involucrarse en el auto-odio y comportamientos destructivos y tienen baja autoestima y sentimientos de depresión. Muchos recurren a las drogas, el alcohol y el sexo para luchar contra la depresión derivada de la soledad. A menudo, muchos solteros no saben cómo lidiar con el dolor de la soledad. El uso excesivo de drogas y el abuso de alcohol no resuelven el problema.

También pueden tener una autoimagen distorsionada basada en la vergüenza y el diálogo interno negativo. El diálogo interno negativo tiende a conducir a una interpretación negativa, lo que lleva a sentimientos negativos, lo que a su vez lleva a una actitud o comportamiento negativo hacia ti mismo y hacia los demás.

Pero cuando amas a Dios, puedes amarte a ti mismo. Cuando te amas a ti mismo, te comportarás de manera diferente. Cuando reconozcas tu valor como hijo de Dios, te sentirás mejor contigo mismo. Una vez que te aceptes y te des cuenta de que Dios te valora, podrás amarte verdaderamente porque Dios te ama. Si te amas a ti mismo, podrás amar a tu prójimo.

Para ayudarnos a entender el amor a nuestro prójimo, Jesús cuenta la historia del buen samaritano para explicar quién es un prójimo. Curiosamente, si hicieras todo lo que hizo el buen samaritano por el extraño (prójimo) que fue dejado medio muerto en el Camino de Jericó, podrías encontrar aplicaciones para amarte a ti mismo.

Observa, en primer lugar: Cuando el samaritano vio al hombre herido en el camino, en un estado terrible, no ignoró lo que vio; atendió la necesidad. Si aplicaras esta verdad a ti mismo, tendrías compasión por ti mismo cuando se trata de tratar con heridas personales. **En segundo lugar, si tienes** un problema que no puedes resolver solo, busca tratamiento para ayudarte a sanar. En tercer lugar, el samaritano gastó dinero en el cuidado del hombre. **Considera invertir en tu autocuidado.** Practicar el autocuidado es parte de tu amor propio.

Entonces, amarte a ti mismo y a los demás requiere que demuestres tu amor por Dios al hacerlo con todo tu corazón, con toda tu alma, con toda tu fuerza y con toda tu mente. (Marcos 12:30)

Conócete a ti mismo

Luego, en la etapa de preparación, necesitas conocerte a ti mismo; necesitas saber lo que te gusta y lo que no te gusta. Necesitas saber si eres paciente o impulsivo. ¿Eres responsable o irresponsable? ¿Tienes problemas de ira o traumas no tratados del pasado? ¿Te han dicho alguna vez que eres malintencionado o egoísta? Necesitas conocer tus desencadenantes de ira y saber qué te hace feliz o triste. ¿Luchas con trastornos de control de impulsos, depresión, ansiedad o trastorno de personalidad narcisista? ¿Tienes problemas de salud mental o física que no han sido tratados? ¿Tienes problemas de apego que han afectado negativamente relaciones anteriores? Si no estás seguro sobre alguno de estos aspectos, es posible que quieras programar una cita con un consejero o terapeuta para ayudarte a trabajar en estos temas.

Conoce tu motivación para buscar un cónyuge

Al comenzar este viaje, ¿sabes para qué quieres un cónyuge? ¿Estás buscando a alguien porque quieres compañía, para tener relaciones sexuales regularmente, o alguien que te ayude a comprar una casa o con quien puedas ir de vacaciones? ¿O estás buscando a alguien que te mantenga abrigado por la noche, con quien tener hijos, o a alguien que sea tu mejor amigo y con quien quieras pasar el resto de tu vida? En tu búsqueda de un cónyuge, asegúrate de que ambos tengan las motivaciones correctas.

Al comenzar la búsqueda de un posible cónyuge, debes estar dispuesto a hacer una transición mental de una "mentalidad de Yo" a una "mentalidad de Nosotros." Dependiendo de tu edad y personalidad, puede que te cueste hacer este ajuste si crees que ya tienes tus propios hábitos. Para tener armonía en el matrimonio, debes ser considerado con la otra persona. Ser flexible, empático y comprensivo con lo que una persona necesita en diferentes etapas de la vida es beneficioso. Por ejemplo, algunos hombres solteros pueden no darse cuenta de la urgencia que una mujer puede sentir en sus años fértiles. Muchos hombres no se dan cuenta de que las mujeres más jóvenes pueden estar pensando en su reloj biológico y querer tener hijos. Algunas mujeres solteras pueden no darse cuenta de que si un hombre no es maduro ni está listo para el matrimonio, no será la mejor elección como esposo. Hay una escritura que dice que dos no pueden caminar juntos a menos que estén de acuerdo. (Amós 3:3).

Asegúrate de estar en la misma página sobre lo que quieres lograr con tu posible cónyuge. Explora si ambos tienen las mismas expectativas o si son diferentes. ¿Quieren ambos una boda bonita, una casa con cerca, hijos, etc., o algo diferente? Tener objetivos diferentes puede causar muchos problemas y drama. Busca un terreno común y sé claro sobre cuáles son tus puntos no negociables.

Protégete a ti mismo

Después de haber trabajado razonablemente en ti mismo, sé intencional al establecer algunos límites esenciales en tu relación con tu pareja íntima.

Una pareja íntima es una relación personal cercana entre individuos que se identifican como pareja, y que se caracteriza por algunas de las siguientes dimensiones: conexión emocional, contacto regular y contacto físico continuo, que no tiene que ser sexual, según lo definido por IGI Global Publishing House.

Los dos límites que estoy a punto de mencionar son claves esenciales para tu éxito. Sin embargo, necesitarás repensar la forma en que llevarás a cabo las relaciones futuras. Tal vez estés familiarizado con el dicho que a menudo se le atribuye a Albert Einstein, que dice que la locura es hacer lo mismo una y otra vez esperando resultados diferentes. Desde la perspectiva de la Terapia Cognitivo-Conductual, si una persona puede cambiar la forma en que piensa, puede cambiar la forma en que se comporta. No obstante, estos límites pueden contradecir nuestras normas culturales actuales, pero con frecuencia generarán mejores resultados.

Los dos límites son: **1. Practicar la no exclusividad en tu relación de pareja íntima. 2. Practicar la abstinencia** en el desarrollo de tu relación de pareja íntima. No exclusivo significa que eliges no estar en una relación comprometida **antes de estar comprometido o casado**. La no exclusividad protege tu estado civil de soltero. Proporciona una red de seguridad para proteger tu corazón del desamor y reducir el drama innecesario causado por personas tóxicas.

Establecer un límite de no exclusividad se puede hacer aprendiendo a comunicarlo en la primera cita con estas palabras: **"No quiero estar en una relación exclusiva hasta que me comprometa o me case."**

Una de las trampas de las citas modernas es permitirte entrar en una relación exclusiva con un **extraño** que te atrae o con quien te has vinculado, esperando que funcione. Una relación exclusiva es aquella en la que eres novio y novia, operando como una pareja casada. Están haciendo todo lo que hacen las personas casadas sin tener licencia. No se permiten la libertad de hablar o salir con otras personas. Usualmente, en este tipo de relación, hay mucha celos, inseguridad, manipulación y altibajos emocionales. Estos son problemas muy desafiantes para alguien que no está **comprometido ni casado.**

Otra desventaja de estar en una **relación exclusiva, sin estar casado o comprometido**, es que te retiras demasiado pronto del mercado. Este no es tu mejor movimiento. **En realidad, es en tu desventaja** renunciar a tu **autonomía** al decidir **prematuramente** estar en una relación de pareja exclusiva **con un extraño**. ¿Has considerado lo arriesgado que es comprometerte con un extraño que realmente no conoces? No sabes quién es cuando no están tratando de impresionarte. Si te conformas demasiado pronto, podrías encontrarte dándole a alguien **los mejores años de tu vida** antes de darte cuenta de que **fue un error**. Si esta es tu historia, este libro es lo que necesitas para reiniciar, empezar de nuevo y crear un nuevo comienzo.

Una palabra de precaución

Resiste la tentación de renunciar a tu autonomía y estado civil de soltero para operar como una persona casada o comprometida sin saber quién estás eligiendo. Puedes pensar que es amor, pero podría ser lujuria. John Gottman informa que la lujuria puede durar hasta 2 años. El problema con la lujuria es que puede sentirse como amor, pero a largo plazo no tiene lo que el amor incondicional proporciona. El amor incondicional es amar a alguien tal como es. Demasiadas personas cometen el error de creer que pueden cambiar a la persona para que se convierta en quien quieren que sea. Cuando eso falla, se sienten más insatisfechos y están listos para abandonar la relación. Pero el amor incondicional no tiene condiciones. Incluye la **aceptación** de la persona tal como es. Un término mejor para describir lo que sucede en una relación de pareja íntima es pasión. Tener pasión no es algo malo. Sin embargo, la relación será más saludable si se basa en algo más que pasión. Será difícil para las parejas sentirse atraídas por la otra persona sin pasión. Gottman declara que el amor tiene tres componentes: pasión, confianza y compromiso. Sin los tres, no tienes un amor genuino.

Comprendiendo los cuatro tipos de amor

Los griegos tienen cuatro palabras para expresar el amor: **Philia**, amor entre amigos cercanos o hermanos; **Eros**, amor sensual o romántico; **Estorge**, amor entre miembros de la familia; y **Agape**, amor incondicional y sacrificial. En un matrimonio, experimentarás los cuatro a medida que atraviesas las diferentes etapas de la vida.

No dejes que el sexo nuble tu juicio

En el tipo de amor Eros, los sentimientos de pasión pueden ser abrumadores y tentadores hasta el punto de permitir que las relaciones sexuales entren demasiado pronto en la relación. Iniciar relaciones sexuales al principio del desarrollo de la relación puede nublar tu juicio y tu capacidad para pensar sobre el tipo de persona que estás eligiendo, debido a cómo se siente el sexo. El buen sexo es genial, pero puede afectar tu capacidad de razonamiento cuando estás evaluando a una pareja para toda la vida. El buen sexo para algunos puede sellar el trato. Sin embargo, muchas personas solteras han disfrutado de buen sexo, pero eso no necesariamente les dio un buen esposo o esposa. No dejes que tu impulsividad te ponga en riesgo de un posible fracaso. Además, tal vez quieras ver la película de Tyler Perry *Temptation: Confessions of a Marriage Counselor* antes de caer en la tentación de tener sexo con un extraño. Algunas personas son caballos de Troya. Pueden lucir bien por fuera, en forma, atractivas o hermosas, pero tienen algo que realmente no deseas. En los EE. UU., cientos de miles de personas que tienen VIH u otras enfermedades de transmisión sexual no se hacen pruebas, sin importar su orientación sexual. Tal vez quieras hacer un poco de investigación antes de enamorarte demasiado. Sin embargo, hay formas de hacerse pruebas de manera anónima o privada para asegurar tu seguridad. Es mejor prevenir que lamentar. Ahora entiendes por qué el carácter es importante.

No dejes que tus relaciones te controlen

A medida que avanzamos, repiensa cómo manejas tus relaciones siendo más activo en lugar de pasivo en tu estilo de gestión. Este es un concepto poderoso al que debes adherirte. Tal vez en el pasado no sabías cómo tener el control de tu vida y mantener tu autonomía como persona soltera. Tu estilo de gestión de relaciones pasadas tal vez estuvo influenciado puramente por los sentimientos y la estética visual de la anatomía. Lamentablemente, este enfoque puede llevarte a una corriente peligrosa. Esto significa que te dejas llevar por los sentimientos y las fantasías antes de que te detengas y te des cuenta de que estás profundamente en una relación tóxica.

Mantén tus límites para ayudarte a ver quién está tratando de entrar en tu espacio por las razones correctas. Resiste la tentación de **retirarte demasiado pronto del mercado de solteros** por miedo a perder una oportunidad con esta nueva persona. No permitas que la autocrítica, las interpretaciones negativas o la baja autoestima te hagan sentir miedo, inseguridad o impaciencia. En cambio, date tiempo para conocer a otros y formar relaciones de calidad mientras mantienes tu estado civil de soltero en **relaciones no exclusivas**.

Por ejemplo, si pudieras elegir cuatro autos de tu elección para evaluar y el dinero no fuera un problema, ¿cuál sería tu elección final? ¿Cómo sabrías cuál coche te gusta más? No sabrías la respuesta a esa pregunta sin haber tenido experiencia con cada uno. Con el tiempo, descubrirías que algunos autos pueden requerir mucho mantenimiento y otros no son más que un problema, aunque se vean bien. Luego está el auto que es confiable, cómodo, lujoso y solo requiere un mantenimiento periódico razonable. Sin embargo, si empiezas comprometido con solo un auto que no conoces mucho, podrías, en muchos casos, perder tiempo e invertir en una mala elección.

Por lo tanto, te recomiendo darte tiempo para pasar por las etapas de seleccionar una pareja sin todo el daño colateral habitual, como el desamor, el embarazo no deseado, las ETS, y estar en una relación con una persona de mal carácter que no comparte tus valores. Se necesita **paciencia** y **un plan** para encontrar a una pareja para toda la vida mientras disfrutas de la experiencia de buscar con menos drama. Implementar este **nuevo estilo de gestión** te permite tomar el control del proceso compartido en las siguientes etapas.

Paso 2
Etapa de citas 1

El objetivo es encontrar hasta cuatro amigos altamente valorados.

Hoy en día, encontrar nuevos amigos es difícil, incluso si te muestras amigable. También es difícil encontrar amigos si no sabes cómo buscar amigos. Pero, ¿por dónde empiezas a buscar amistades para una pareja íntima?

Una forma de comenzar tu búsqueda es mirar en el área de tus pasiones e intereses personales (por ejemplo, deportes, pasatiempos, actividades, clubes, iglesia, centros comerciales, espectáculos, etc.). Conocer nuevas personas a través de una introducción de amigos cercanos, familiares y asociados suele ser una forma más fácil de hacerlo. Si eres espiritual, ora y pide a Dios que te envíe una pareja que cumpla con el estándar bíblico. Usa este estándar para evitar al lobo con piel de cordero. Una vez que encuentres a un posible nuevo amigo, organiza una reunión inicial, a veces llamada **cita.**

Considera el proceso de citas como revisar solicitudes para ver quién consigue la entrevista en persona. Una vez que el extraño esté frente a ti en persona, evalúalo para decidir si considerarías una segunda cita. Si están abiertos a ello, expresa tu deseo de una segunda cita. Haces esto para obtener más información y ver si la atracción mutua continúa. Esto determinará si lo mueves a la zona de amigos potenciales (PFZ) o a la zona de rechazo (DZ).

Puede que no seas consciente de esto, pero las citas pueden ser una de las fases más engañosas y estresantes para quienes buscan una relación de pareja íntima. No olvides que estás conociendo a un extraño. En la etapa de citas, la mayoría de las personas están en su mejor comportamiento. El trabajo de Gary Chapman con parejas revela verdades sobre cómo las personas entienden el amor. Cuando las personas están en citas, misteriosamente pueden involucrarse en varios lenguajes del amor. A menudo, no son conscientes de que estos lenguajes están teniendo un efecto positivo durante su interacción entre ellos.

En la primera cita, las personas suelen estar en su mejor comportamiento y se conectan usando contacto físico, palabras de afirmación, tiempo de calidad, actos de servicio y dar regalos. Cada lenguaje del amor afecta positivamente cómo uno responde al extraño que está conociendo. En este momento, te sientes bien porque estás respondiendo a estos diversos puntos de contacto. Sin embargo, aquí es donde la primera reunión puede ser engañosa porque aún no sabes quién es esta persona cuando no está tratando de impresionarte. Ni siquiera sabes su verdadero carácter, y ellos no conocen tu verdadero carácter.

Las citas pueden ser más desafiantes para los introvertidos

Las citas pueden ser más desafiantes para los introvertidos que para los extrovertidos. Los **introvertidos** obtienen su energía estando lejos de las personas, mientras que los **extrovertidos**, por otro lado, obtienen su energía estando con personas. Los introvertidos pueden experimentar ansiedad social porque no se sienten cómodos siendo asertivos con extraños. Los extrovertidos son más cómodos conociendo a nuevas personas y pueden ser el alma de la fiesta. Otro tipo de personalidad son los **ambivertidos;** tienden a ser introvertidos naturales que pueden convertirse en extrovertidos. Sin embargo, prefieren estar alejados de las personas cuando pueden. Así que conocer tu tipo de personalidad puede ayudarte a hacer los ajustes necesarios si deseas hacer nuevos amigos.

Obstáculos para hacer nuevos amigos

Cuando intentas hacer nuevos amigos, la falta de confianza o parecer desesperado no es atractivo para aquellos a los que intentas atraer. Hacer muchas declaraciones negativas o ser grosero tampoco es atractivo. Las personas que son demasiado habladoras o malas oyentes pueden resultar molestas. Por último, pasar mucho tiempo hablando de uno mismo o de relaciones fallidas pasadas también puede ser un factor de repulsión.

Enfócate en el objetivo de las citas

La motivación principal para salir con alguien es hacer nuevas amistades que puedan ofrecerte opciones viables para un posible cónyuge. Desafortunadamente, algunos demonizan el término **amistad** como si tener un amigo del sexo opuesto significara que será una relación monótona. En otras palabras, una que sea aburrida y no tenga oportunidad de romance. Pero la verdadera amistad trae alegría y risa a tu vida. Con amigos leales, no te sientes abandonado ni solo. Además, con amigos dedicados, hay un amor genuino. Jesús dijo que no hay mayor amor que este, que uno ponga su vida por sus amigos (Juan 15:13). Sin embargo, ¿por qué alguien querría casarse con alguien que no es su mejor amigo? Si no puedes forjar una amistad con alguien que podría ser tu cónyuge algún día, ¿entonces por qué casarse? Cuando eliges a un cónyuge, quieres a alguien a quien ames y que sea tu mejor amigo.

Necesitas un plan viable para hacer amigos de calidad

Tener un buen plan cuando buscas amistades de calidad para una pareja íntima no solo es útil; es esencial. En lo que respecta a la atracción, involucras los sentidos, particularmente tu sentido de la vista y el olfato. Con un plan bien pensado, puedes navegar por el mundo de las citas con confianza y propósito.

La primera parte de tu plan debe ser tu presentación externa. Debe incluir cuidado personal, higiene, estado físico y un buen guardarropa. Lo que ves y hueles importa. La segunda parte del plan es revelar tu ser interior. Muestra tus cualidades internas, como la integridad, la consideración, un proceso de pensamiento positivo, flexibilidad dentro de lo razonable y paciencia.

Tener una buena salud espiritual puede ayudar a que la relación sea más profunda. ¿Tienes una brújula moral o un sentido del bien y el mal? Si dos personas no están en la misma página espiritualmente, esto puede generar conflictos en la relación para algunos. En las amistades de pareja íntima, buscas personas que compartan tus valores familiares y que sean afirmativas y dispuestas a defenderte. Buscas personas que puedan guardar tus secretos, que saquen lo mejor de ti, te hagan reír y disfrutar. Los buenos amigos no te avergüenzan, no te menosprecian, no te humillan ni te mienten habitualmente.

Como recordatorio, "Decide gestionar tus relaciones. No dejes que tus relaciones te gestionen a ti." Puedes poner esta estrategia en práctica decidiendo desde el principio establecer dos límites clave para ayudarte a gestionar tus relaciones:

1. **Mantente en una relación no exclusiva hasta el compromiso o matrimonio.**

2. **Resiste tener sexo al principio del desarrollo de la relación.**

Puedes preguntarte, ¿por qué establecer estos límites? Establecer estos límites asegura que los desconocidos no invadan tu espacio sin haber sido evaluados. Los límites existen para mantenerte a ti y a la otra persona seguros. Además, quieres mantener tu autonomía mientras desarrollas relaciones con nuevas personas. Tener autodeterminación te da la libertad de conocer a quien elijas sin sentirte restringido o atado a alguien más mientras buscas amistades de calidad y tomas decisiones espontáneas.

A continuación, uno podría preguntarse, ¿**por qué la abstinencia**? La respuesta es que **el sexo puede nublar tu juicio** y hacer que sea psicológica y biológicamente desafiante tomar una decisión racional mientras evalúas a la persona que estás conociendo. Cuando permites el *sexo temprano* en la relación con **un desconocido** que apenas conoces, podría causar problemas de apego emocional. Cuando tienes relaciones sexuales, se liberan muchas hormonas. Por ejemplo, la oxitocina, la hormona del apego, se libera en tu cerebro. Esta hormona puede dificultar que dejes a alguien que no te gusta. Durante las relaciones sexuales, también están en acción las hormonas de la felicidad como la dopamina y la serotonina. Podrías encontrarte deseando más sexo para sentirte satisfecho, sin darte cuenta de que te sientes bien no solo por la relación, sino también por el sexo, y a veces por ambos.

Algunas personas entran en relaciones a largo plazo debido al sexo, pero no son felices con su relación. Fíjate que cuando las relaciones van mal, el sexo se interrumpe. Para evitar repetir este error clásico en las relaciones de pareja íntima, ¡mantén este límite en su lugar!

Abstenerse del uso de drogas y alcohol

Aunque la *abstinencia* mencionada aquí se refiere principalmente al sexo, no debemos pasar por alto los efectos de las drogas y el alcohol. La marihuana y el alcohol liberan dopamina en tu sistema. Recuerda, la dopamina es la hormona de la felicidad o la hormona del bienestar. Entonces, si la mayoría de tu interacción con tu pareja íntima involucra el consumo de drogas o un consumo excesivo de alcohol, ¿cómo sabrás cómo te sientes sobre la persona cuando no estés bajo la influencia? Te recomiendo que reduzcas el uso de sustancias hasta que realmente llegues a conocer a este desconocido que estás evaluando antes de decidir ponerlo en la zona de amigos. Si no puedes interactuar con tu pareja íntima sin estar bajo la influencia, no tomarás una buena decisión. Sin embargo, si tienes problemas con el alcohol y el consumo de drogas, considera ver a un consejero o ingresar a un programa de tratamiento.

Otro beneficio de establecer estos límites es que te da una buena idea de **quién respeta tus límites y quién no**. La mayoría de los que cruzan los límites tienden a ejercer *poder y control* sobre su pareja íntima. Son *manipuladores y posibles abusadores.* Te recomiendo que cortes esto de raíz. Recuerda, eres una persona soltera y autónoma (tú tomas decisiones para tu vida; no permites que otras personas decidan por ti). No permitas que un desconocido ocupe una posición de poder y control en tu vida.

Por ejemplo, los que cruzan los límites pueden decir que respetan tu deseo de no estar en una relación no exclusiva, pero cuando te ven con otra persona en público, pueden mostrar una mala actitud. Los que no respetan los límites podrían ser los que te llenan el teléfono de mensajes o te visitan sin invitación. Este tipo de comportamiento justifica moverlos de la zona de amigos potenciales a la zona de descarte.

Establecer un límite no exclusivo te ayuda a eliminar a personas indeseables de la **zona de amigos potenciales**. Las personas con problemas de poder y control tienen el potencial de convertirse en abusivas. Protégete de ser atrapado en una situación de violencia doméstica. *La violencia doméstica surge de un patrón de comportamiento abusivo entre personas en una relación donde una persona usa poder y control sobre la otra*. Uno de los problemas principales con este tipo de enredo es que la persona abusada a menudo ama al abusador, pero odia el abuso. Evita este pantano tanto como sea posible.

En las relaciones abusivas, el comportamiento abusivo o el poder y control pueden manifestarse en diferentes tipos de abuso, como: abuso físico, sexual, financiero, religioso, psicológico y emocional. No toleres el abuso en absoluto, ya sea soltero o casado. Protégete de los depredadores, acosadores o cualquier forma que los abusadores adopten. Llama a la policía, consigue un perro o toma clases de artes marciales, etc.

Protege tu salud mental

Gestionar tu relación en la etapa de citas de la relación de pareja íntima puede ayudarte a proteger tu salud física y mental. Evalúa a las personas desde el principio para evitar entrar en una mala relación con cualquiera. Las relaciones tóxicas pueden hacer que una persona se sienta atrapada o codependiente. Este tipo de relaciones pueden llevar a ansiedad, depresión, adicción a las drogas, baja autoestima, problemas de valor propio, ideación suicida o pensamientos homicidas. Si luchas con cualquiera de estos desafíos debido a una mala relación, busca ayuda inmediatamente.

Dos tipos de amistades

Recuerda, tu objetivo es adquirir hasta cuatro amigos íntimos de calidad. Pueden ser una combinación de *amistades platónicas* o *amistades de interés romántico*. Algunas personas pueden preguntarse por qué mantener ambos tipos de amigos. Puede que hayas escuchado historias de amigos platónicos que, con el tiempo, se dan cuenta de que se conocen muy bien, se confían, se aman y no quieren pasar el resto de sus vidas con nadie más. Llamémoslo un momento Hallmark. Luego, las relaciones de interés romántico también pueden florecer y convertirse en relaciones de toda la vida.

Evaluando tu experiencia de citas

Recuerda, en la **etapa de citas**, estás buscando personas que respeten tus límites y a quienes puedas mover a la Zona de Amigos

Potenciales (PFZ). Entonces, ¿qué hacer después de las primeras citas? Si sientes que tienes una buena conexión con la persona y te parece correcto, considera una segunda cita en un lugar público con amigos cercanos o familiares que conozcan tu paradero.

Si no hay química ni interés después de la segunda cita, puedes mover a esta nueva persona a la Zona de Descarte (DZ). Si esta es tu decisión después de una cuidadosa consideración y queda claro que has perdido el interés, afírmales como persona y termina cualquier desarrollo adicional de la relación, a menos que las cosas cambien. Mientras tanto, disfruta de los privilegios de no estar en una *relación exclusiva* mientras la búsqueda continúa.

Disciplinas para mantener en la etapa de citas

- No tener relaciones sexuales

- Establecer límites de no estar en una relación exclusive

- Evaluar a tus citas para determinar si serán trasladadas de la PFZ a la DZ.

- Poner a los amigos potenciales que no respeten tus límites en la zona de eliminación (DZ).

- Búsqueda de personas para poner en la zona de amigos (friend zone).

A continuación, pasamos a la etapa 2, llamada la **etapa de cortejo**.

Paso 3
Etapa de cortejo 2

El objetivo es reducir tus opciones de quién explorar la posibilidad de casarte.

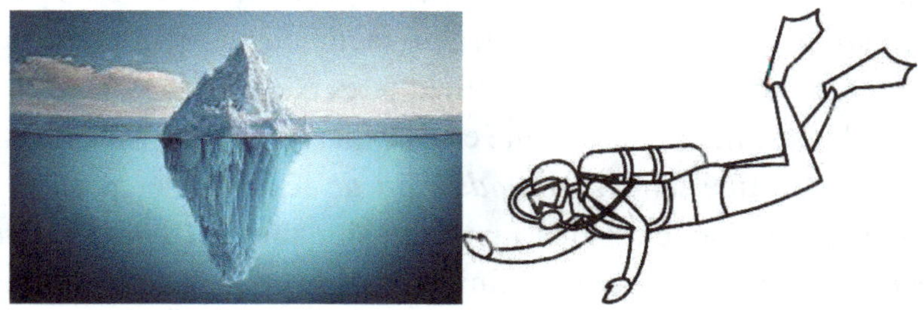

En las etapas iniciales de una relación de pareja íntima, lo que ves no es ni la mitad de lo que vas a obtener. Es como mirar la punta de un iceberg; solo el 10% es visible, y el 90% está bajo la superficie. Cuando entras en esta etapa, sabes que es hora de ir, figurativamente, a hacer buceo y explorar la profundidad de la persona que te interesa románticamente.

Durante la **etapa de cortejo**, reduces tus opciones a una persona en particular para seleccionarla como posible cónyuge. En esta etapa, amplías tu conocimiento sobre la persona que has elegido para cortejar. Una forma de **emprender** esta etapa es preguntar a uno de tus amigos con los que estás desarrollando una relación cercana: ***"¿Está bien pasar más tiempo contigo para conocerlos mejor?"*** Recuerda que se necesita tiempo y experiencia para adquirir el conocimiento de alguien con quien estás formando una amistad. Mientras emprendes este viaje de descubrimiento, querrás mantener límites saludables mediante un acuerdo mutuo. La no ***exclusividad*** y la ***abstinencia*** siguen vigentes.

Mantén límites saludables

Aún tendrás otros amigos en esta etapa, mientras inviertes más tiempo con el amigo que estás explorando como posible cónyuge. Ahora bien, algunos pueden pensar que en esta etapa de la relación ya pueden comenzar a tener relaciones sexuales. Si realmente deseas tomar la mejor decisión, querrás *esperar para que el sexo no nuble tu juicio*. Algunos solteros pueden racionalizar que no pueden esperar tanto tiempo. Si tienes dificultades para abstenerte del sexo antes del matrimonio, puede que estés experimentando *más Lujuria que Amor*, o que tengas una *adicción al sexo*. Tener pasión por alguien es una característica humana saludable. *El apóstol Pablo escribe*: "Pero si no tienen dominio propio, que se casen; porque es mejor casarse que estar abrasado en pasión." (1 Corintios 7:9).

La lujuria es un deseo sexual intenso hacia alguien. Para algunas personas, una vez que su lujuria se satisface, estarán listas para seguir adelante. Para otras, se quedarán esperando el siguiente encuentro sexual. Si estás luchando con una adicción al sexo, tendrás pensamientos, deseos, impulsos o comportamientos sexuales excesivos que no puedes controlar y que causan angustia y daño a tus relaciones, finanzas y otros aspectos de tu vida. La adicción al sexo también se llama hipersexualidad, comportamiento sexual compulsivo y otros nombres.

Desafortunadamente, las personas con adicción al sexo también pueden tener problemas con la intimidad. Tienen problemas de confianza y guardan secretos sobre lo que realmente sienten y lo que realmente desean. Se sienten inseguros al comunicar sus miedos, fantasías, frustraciones, etc. Por lo tanto, no se sienten cómodos mostrando su verdadero yo. Sin embargo, si esto describe tu situación, busca terapia para ayudarte a lidiar con tu adicción o para descartar otras explicaciones.

Sin embargo, si crees que no es adicción y estás luchando con el autocontrol en medio de la pasión, queriendo tener sexo, te recomiendo que frenes, te alejes y te hagas algunas preguntas serias antes de arriesgarte a un drama de mamá o papá.

Preguntas que hacerte con anticipación

1. **¿Los amo?**

2. **¿Me aman?**

3. **¿Es esta persona mi mejor amigo/a?**

4. **¿Quisiera que esta persona fuera el/la padre/madre de mis hijos?**

5. **¿Compartimos los mismos valores familiares?**

6. **¿Tienen alguna ETS?**

7. **¿Son autosuficientes?**

8. **¿Aman a Jesús?**

Tenga en cuenta que está asumiendo un riesgo significativo al participar en relaciones sexuales después de haber respondido **NO** a cualquiera de las preguntas anteriores. La elección es suya, pero aún así le recomiendo esperar y aprender más sobre este nuevo amigo y extraño.

Tener estas dos fronteras en su lugar le permite probar el verdadero carácter de su interés romántico. Si el sexo está fuera de la mesa, podrá ver quién lo respeta y quiere conocerlo mejor como persona.

Herramientas de evaluación para un examen más profundo

Mientras se adhieren a estos límites críticos, exploren lo que tienen en común y en qué se diferencian utilizando herramientas de evaluación para un examen más profundo. Una herramienta que pueden usar es la evaluación de los lenguajes del amor disponible en la página web 5Lovelanguanges.com. Un informe completo requiere una pequeña inversión, pero vale la pena. Una vez que ambos tomen la evaluación, compartan los resultados entre ustedes y guarden los resultados en un lugar seguro.

Nota: Si la persona se niega a tomar la evaluación, considere terminar el cortejo y moverlos de la Zona de Amigos regular (FZ) a la Zona de Eliminación (DZ).

Otra evaluación que querrán hacer es una *evaluación de valores culturales.* Recuerde, ambos provienen de diferentes familias de origen y tal vez de diferentes grupos étnicos o países. Dado que se están conociendo, deben comprender lo que esa persona valora y considera importante en la vida. Pueden hacer una evaluación cultural de la siguiente manera:

1. Haga una lista de sus diez cosas más importantes (por ejemplo, matrimonio, familia, educación, religión, etc.).

2. Use una hoja de papel en blanco con números del 1 al 10 y comience a enumerar sus valores. La lista está completa una vez que haya enumerado al menos 10.

Si ellos se niegan a hacer este ejercicio, considera terminar el cortejo y moverlos a la Zona de Amigos (ZA) o a la Zona de Descarte (ZD). Tal vez pienses, "Vaya, eso suena duro." Sin embargo, las personas que se resisten a peticiones razonables podrían estar ocultando algo, no conectando o siendo obstinadas. Este tipo de comportamiento es una **señal de advertencia** y no debe ignorarse.

Conoce a la familia extendida de tu amigo especial

Obtendrás más información al conocer a la familia y amigos durante la etapa de cortejo mientras mantienes una *relación no exclusiva. Algunas personas pueden tener dificultades en este punto porque temen perder a esta posible pareja*. Recuerda, no estás comprometido y no estás casado, así que ¿por qué actuar como si lo estuvieras mientras aún estás explorando? Otra cosa a la que debes prestar atención *es a la renuencia a presentarte o llevarte con su familia*. Esto podría ser una *señal de advertencia*, o podría ser su forma de protegerte de miembros de la familia tóxicos o problemáticos. Quizás tu interés amoroso especial sea el mejor en un sistema familiar disfuncional. No insistas en conocer a la familia, pero considera terminar el cortejo y evaluar a otra persona si esto es un *factor decisivo* para ti. Ahora, por otro lado, una vez que hayas conocido a su familia y amigos, es momento de introspección. Aquí tienes algunas preguntas que podrías hacerte:

1. **¿Estás experimentando una buena relación?**

2. **¿La familia te acepta como un posible cónyuge? Lo mismo aplica cuando ellos conocen a tu familia.**

3. **¿Estás prestando atención a los comentarios de tu familia y amigos?**

4. **¿Has considerado la opinión de padres y amigos cercanos que te quieren y a quienes amas?**

Ten en cuenta que ellos ven y perciben cosas que tú no ves. Recuerdo que uno de mis mejores amigos se había divorciado dos veces. Le dije que no le propusiera matrimonio ni se casara con nadie más hasta que yo los evaluara por él. Sabía que su tipo de mujer básica sería bonita, atractiva y bien arreglada. Así que un día, recibí una llamada de él y me dijo: "Amigo, creo que he encontrado una buena pareja, pero quiero que la conozcas." Así que los tres cenamos juntos, y la observé. Observé su interacción y le hice algunas preguntas para evaluar su personalidad. Al final de la comida, sentí que ella era una buena elección. Solo estuvieron casados un corto tiempo, y él me dijo antes de morir que de los tres matrimonios, este fue en el que más feliz había sido. Posteriormente, te recomiendo encarecidamente que consideres los comentarios y el consejo sabio de un amigo cercano o un familiar valorado. Si la vibra es buena, y ambos disfrutan de la compañía del otro, pueden comenzar a discutir la posibilidad de un futuro juntos en matrimonio.

A continuación, invítalos a acompañarte a *10 semanas de consejería prematrimonial* para ver si deben considerar seriamente el matrimonio. Sin embargo, si la persona se niega a asistir a estas 10 semanas de consejería, considera si deberías moverla de nuevo a la Zona de Amigos (ZA) o la Zona de Descarte (ZD).

Si están de acuerdo y desean seguir adelante, recomiendo trabajar con un pastor, consejero o psicoterapeuta que utilice la *"Evaluación Prepare-Enrich"*. La ventaja de utilizar esta evaluación es que actúa como una resonancia magnética de su relación. Revelará los puntos problemáticos no vistos o no reconocidos en su relación y mostrará sus fortalezas y áreas de crecimiento. Los resultados de la evaluación les ayudarán a tener discusiones esenciales sobre la comunicación, la resolución de conflictos, la gestión financiera, las relaciones sexuales, las expectativas de roles, la familia y los amigos, la crianza y la espiritualidad.

Después de trabajar en las áreas de crecimiento durante diez semanas, tú y tu posible prometido pueden decidir si deberían considerar el matrimonio antes de aceptar o hacer *una propuesta de matrimonio*. Algo a tener en cuenta es que la *decisión de avanzar* debe tomarse por mutuo acuerdo; si uno de ustedes *no está de acuerdo* en continuar, la respuesta es NO. "*No-Go*" (No avanzar) es un término antiguo en la industria aeroespacial que significa no lanzar ni encender un motor de cohete porque es inseguro proceder. Por lo tanto, se detiene y se investiga cuál es el problema antes de continuar.

Si, después de resolver el problema, sigue siendo un *"No-Go"*, dejarás de cortejar a esa persona y verás quién más está disponible dentro de tu grupo de amigos para pedir permiso y pasar más tiempo, mientras mantienes tu estatus de soltero/a y sin exclusividad. Luego, comienza el proceso como antes y observa cómo se desarrollan las cosas. Si es necesario, amplía tu círculo de amigos para incluir a otros posibles amigos.

A veces, terminar relaciones después de cortejar a alguien puede ser un desafío emocional. Resiste la interpretación negativa de que eres un fracaso o de que alguien se sentirá herido. Amar a alguien y tener fuertes sentimientos por esa persona no significa que debas casarte a toda costa. Otra perspectiva a considerar es que algunas personas tienen dificultades con la confianza o el compromiso. Según John Gottman, el amor se compone de tres elementos: *pasión, confianza y compromiso*. En muchas relaciones, las personas que tienen heridas del pasado tienen *problemas de confianza*, lo que también puede manifestarse como inseguridad. Junto a la confianza está el compromiso, que será difícil si estás en una relación con alguien que tiene *problemas de confianza*, incluso tú mismo/a. Un artículo interesante de Jeremy S. Nicholson analiza tres razones por las que algunas personas no se comprometen.

Las tres razones son:

1. **No están satisfechos.**

2. **Tienen otras opciones.**

3. **No están comprometidos.**

Sin embargo, si te das cuenta de que tienes pasión, confianza y compromiso después de pasar por 10 semanas de consejería prematrimonial, **siéntete libre de seguir adelante**. Puede que estés listo para comenzar a mirar **anillos** en anticipación a una propuesta de matrimonio.

Conceptos clave a recordar durante la etapa de cortejo

- Corteja a uno de tus cuatro amigos con los que tengas un interés platónico o romántico.

- Permanece en una relación *no exclusiva*.

- *Pide permiso* para pasar más tiempo con tu amigo especial/interés romántico con la comprensión de que tienes otros amigos con los que te ves, pero no necesariamente estás durmiendo con ellos.

- Si la relación progresa de manera mutua, pídeles que asistan a *diez semanas de consejería prematrimonial* para determinar si deben aceptar una propuesta y seguir adelante con el matrimonio con esta persona.

- No tener relaciones sexuales (si te sientes tentado, revisa la lista de verificación en la página 26).

- Elige sabiamente.

- No ignores lo que ves. El carácter es importante. La famosa poeta Maya Angelou dijo profundamente: "Si alguien te muestra quién es, créelo."

Paso 4
Etapa de Compromiso 3

El objetivo de esta etapa es utilizar todas las herramientas que has adquirido a través de la comunicación y la capacitación en resolución de conflictos para superar el estrés asociado con la planificación de la boda.

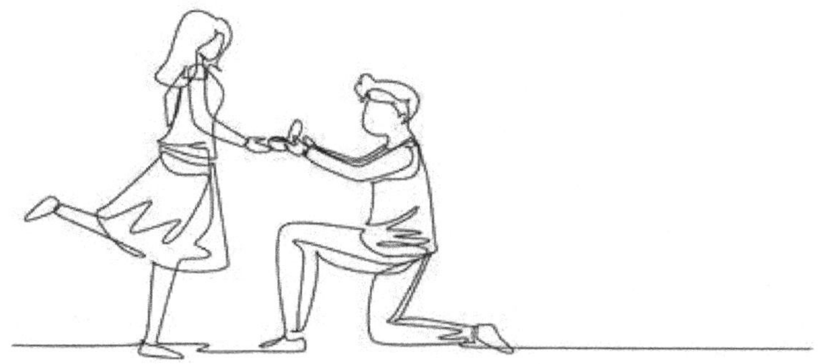

Si es apropiado en la cultura de tu familia, busca la aprobación de los padres o sustitutos de tu prometida antes de que te pidan aceptar o hacer la propuesta de matrimonio. Tradicionalmente, este sería el padre, si está vivo, o un miembro esencial en la vida de tu prometida.

Una vez que aceptes o hagas una propuesta de matrimonio que sea aceptada, habrás entrado en una **Relación Exclusiva**. Habrá mucha colaboración para seleccionar una fecha para la boda y hacer los planes. No hay nada de malo en planificar. Simplemente hazlo de manera realista y colaborativa. Además, si has esperado hasta este momento para abstenerte de tener relaciones sexuales, valdrá la pena esperar hasta la luna de miel. Sin embargo, la decisión es tuya.

Establecer una fecha puede ser un desafío, pero cuanto antes, mejor. Para algunos cónyuges, los largos períodos entre el compromiso y el matrimonio pueden ser estresantes, dependiendo de las circunstancias que causan el retraso. *La empatía, la paciencia y la comunicación* saludable ayudarán a sobrellevar el estrés de planificar la boda y establecer una fecha. También, si tú o tu prometida no pueden ponerse de acuerdo sobre cuándo o dónde tener la boda, esto podría considerarse una señal de advertencia que podría requerir consejería adicional. Si no se establece una fecha dentro de los 12 meses posteriores al compromiso, podrías considerar ir a consejería o repensar el compromiso de tu prometida para avanzar hacia el matrimonio.

Por último, una vez que sigas adelante con los planes de la boda, evita vivir juntos hasta que te cases. Te recomiendo encarecidamente que no cohabites. La única razón por la que podrías considerar *la cohabitación es por circunstancias excepcionales y por un corto período*. Si deseas vivir juntos y no puedes esperar hasta la ceremonia de la boda, considera urgentemente obtener la licencia de matrimonio e ir al juez de paz o a un juez o ministro ordenado y decir "**Sí, acepto**".

Las investigaciones muestran que las parejas que cohabitan durante largos períodos de tiempo se divorcian a una tasa más alta que aquellas que no lo hacen. Las personas que cohabitan por más tiempo y no se casan también tienen problemas con la confianza y el compromiso. Como mencioné antes, el artículo de Jeremy S. Nicholson "**3 Razones por las que las Personas No se Comprometen**" establece que las personas que no se comprometen están insatisfechas, tienen otras opciones y no están invertidas en la relación. Por otro lado, aquellos dispuestos a comprometerse parecen estar satisfechos, no quieren ejercer diferentes opciones y están invertidos.

Otra cosa que aprenderás en esta etapa es la toma de decisiones colaborativa. Ahora están tomando decisiones como pareja y no como individuos. Están pasando de una mentalidad de "**Yo**" a una mentalidad de "**Nosotros**".

En la etapa de compromiso, ya no estás disponible como persona soltera, y tu **nuevo límite** pasa a ser una **relación exclusiva**. No compartirás tu **tiempo íntimo** ni **tu cuerpo** con otra persona. En esta etapa, deberías estar sonriendo, riendo, jugando, divirtiéndote con tu mejor amigo/a, y planeando embarcarte en un viaje para el resto de tu vida. También es posible que estés nervioso/a. Si tu ansiedad se sale de control, considera la consejería personal o ver a un médico.

Conceptos clave a recordar en la etapa de compromise

- Estás en una relación *exclusiva con* planes para casarte y has fijado una fecha para la boda.

- Discute sobre vivienda, cuentas bancarias, presupuesto, seguros de vida, vocaciones, cuándo tener hijos, dónde pasar las vacaciones con la familia, etc.

Paso 5
Etapa del Matrimonio 4

En esta etapa, el objetivo es la armonía marital.

Una vez que llegues a esta etapa, entras en una relación de por vida con tu pareja elegida. Finalmente has encontrado a tu pareja ideal. La búsqueda ha terminado. Ya no estás solo. Por la gracia de Dios, espero y rezo para que tengas una vida sana, feliz y larga con tu cónyuge. Lo creas o no, el trabajo apenas comienza.

Recuerdo una historia sobre una mujer que compró una planta a un comerciante. Llevó la planta a casa, y después de varias semanas, notó que se estaba muriendo. Así que la devolvió al comerciante, lo acusó de venderle una planta defectuosa y exigió un reembolso. El comerciante le preguntó qué había hecho con la planta. Ella respondió que nada. Él le preguntó, ¿la regaste? Ella dijo que no. Él le preguntó si le había dado algo de luz solar. Ella dijo que no. Entonces el comerciante tomó la planta y le devolvió el dinero. El comerciante tomó la planta, le dio agua y luego la colocó en un lugar donde pudiera recibir luz solar. Después de una semana, la planta revivió.

Deberás prestar especial atención y cuidado a tu matrimonio. Si lo descuidas, no florecerá. Cuídense mutuamente. Continúen haciendo lo que hacen las parejas casadas en una relación armoniosa. Diviértanse, jueguen juntos, oren el uno por el otro, planifiquen juntos y escúchense activamente.

Una regla importante a recorder

No dejes que tus problemas se vuelvan más importantes que tu relación. En esta etapa, pasarás toda tu vida aprendiendo a estar casado con tu persona especial, *así que elige sabiamente*. Como parte de tu aprendizaje en la vida, debes implementar varias prácticas que te ayuden a hacer la *transición de* "**YO**" a "**NOSOTROS**".

Prácticas para mantener durante toda tu vida matrimonial

1. **Sé respetuoso, considerado y amable para crear un ambiente de crianza en el hogar.** También debes comprometerte a un patrón de comunicación saludable. Este patrón implica retiradas apropiadas, desescalada, asumir tu discurso negativo hacia ti mismo y validar regularmente a tu cónyuge.

2. **No ignores los temas recurrentes relacionados con quejas, frustraciones o discusiones.** Los temas recurrentes son como la luz de revisión del motor en tu automóvil. Cuanto más los ignores, peor se ponen. A veces, los temas recurrentes se expresan como una constante irritación o un tema no deseado de discusión. Cuando notes un tema recurrente, es hora de comunicar el problema utilizando un patrón de comunicación saludable. Practica la escucha activa y las habilidades de resolución de conflictos. Esto garantizará que ambos se sientan escuchados y comprendidos. Si aún tienes dificultades para resolver el tema recurrente, busca consejería.

3. **Practica una comunicación saludable.** Una práctica que impacta el ambiente del hogar es la comunicación saludable. Para tener una comunicación saludable, debes deshacerte de cuatro cosas. En el libro "**Luchando por tu matrimonio**", Larson da las siguientes pautas para una comunicación saludable.

a. Usa una retirada apropiada/pide un tiempo fuera cuando te sientas abrumado por una conversación incómoda o no planeada.

Como seres humanos, tenemos momentos en los que nos sentimos incómodos o no podemos participar en conversaciones específicas. A menudo, un cónyuge puede exigir que se deje de lado o se ignore el tema. Psicológicamente, cuando una persona se siente abrumada, puede volverse enojada y tener una de las tres respuestas al miedo: pelear, huir o congelarse.

Reconoce ante tu cónyuge que necesitas un "**tiempo fuera**" y que te gustaría retomar la conversación cuando puedan estar completamente presentes.

b. Elige desescalar en lugar de escalar

Una cosa que no quieres practicar en tu patrón de comunicación es la escalada o el "ojo por ojo" hasta el punto de gritar, maldecir y discutir. En lugar de escalar hacia una pelea, elige desescalar inyectando humor o dejando de hablar sobre el evento que activó la discusión.

c. Asume tu interpretación negativa y busca aclaraciones con tu cónyuge.

Con frecuencia, un cónyuge puede interpretar negativamente lo que su pareja está haciendo o diciendo. La interpretación negativa proviene del autodiálogo negativo. La interpretación negativa puede generar malos sentimientos hacia tu cónyuge o hacia otras personas.

Solo porque pienses que algo es cierto sobre lo que te has estado diciendo a ti mismo, no significa que sea cierto. Pide permiso para compartir esos pensamientos con tu cónyuge reconociendo lo que has estado pensando. Después de compartir tus pensamientos, haz una pregunta sencilla: "¿Estoy en lo cierto acerca de lo que me he estado diciendo a mí mismo?"

d. Valídense mutuamente en lugar de invalidarse.

Habla bien de tu cónyuge y honralo con tus palabras. Las palabras de afirmación son mejores que las palabras duras, el menosprecio o la vergüenza.

4. **Practica la colaboración en decisiones importantes.**

Cuando se trata de tomar decisiones como pareja, deben decidir de antemano qué tipo de decisiones requieren colaboración. Discutir un tema que necesite una decisión sabia no implica que cada asunto de toma de decisiones deba involucrar a tu cónyuge. Sin embargo, habrá momentos en los que debas comunicarle a tu cónyuge lo que planeas hacer, lo cual podría afectarlo positiva o negativamente. Sin colaboración en decisiones significativas, estarás pidiendo problemas.

5. **Practica el respeto mutuo.**

El respeto mutuo protege la amistad y construye confianza, amor, compromiso y armonía. Poner a tu cónyuge en un lugar de honor es algo bueno. Ten cuidado de no cruzar los límites o hacer cosas que falten al respeto, deshonren, avergüencen o avergüencen a tu cónyuge.

6. **Practica los lenguajes del amor.**

Algo que muchas parejas necesitan recordar es amar a su cónyuge de la manera en que entienden el amor, no necesariamente de la manera en que tú entiendes el amor. A veces, los lenguajes del amor son tan cercanos en porcentaje que puede requerir que practiques los cinco. Tener que mostrar los cinco lenguajes del amor puede ser un poco agotador. Pero recuerda, debes trabajar en nutrir tu matrimonio. Una práctica que puede hacer esto más fácil es salir regularmente con tu cónyuge para hacer la relación emocionante.

7. **Practica el autocuidado, protegiendo tu salud mental, física y spiritual**

Le debes a tu cónyuge la responsabilidad de mantenerte en forma y saludable tanto como sea posible. Dejar que tu salud se descuide y usar excusas para no cuidarla es una injusticia para la relación. Si luchas con ansiedad o depresión, busca consejería inmediatamente. Es deshonesto ocultar estas luchas a tu cónyuge. Informar a tu cónyuge sobre tus luchas es lo que hacen los amigos. Si eres parte de una comunidad de fe, cultivar tu fe juntos es una buena práctica, a menos que tengan una visión espiritual diferente.

8. **Practica ser lento para enojarte y rápido para perdonar.**

En cualquier relación, cuanto más tiempo pasen juntos, la posibilidad de un desacuerdo o irritación podría surgir y causar estragos en tu relación. Una de las mejores cosas que puedes hacer es ser paciente, amable, suave y rápido para perdonar una ofensa. Cuando eliges perdonar o absolver a tu cónyuge, no significa que no sea culpable de una ofensa; significa que eliges no castigarlo y que ya no tienes malos sentimientos hacia él. Solo las ofensas que son deal breakers requerirán conversaciones más profundas y reconciliación. Guardar rencores y no hablar entre ustedes es perjudicial para la relación. El escritor bíblico Pablo dice que no dejen que el sol se ponga sobre su ira (Efesios 4:26). En otras palabras, no dejen que pase un día antes de que vuelvan a tener una relación armoniosa. Usa tus habilidades de comunicación y resolución de conflictos para acercarte más. Si luchas con el perdón,

Lewis Smead tiene un libro titulado "Perdonar y Olvidar" que puede proporcionar orientación.

9. **Practica crecer como amigos y divertirse.**

Una cosa que hacen los amigos es chequearse entre ellos, orar unos por otros, reír juntos y divertirse. La risa es buena para el alma y para la relación.

10. **Practica la intimidad.**

En tu relación de matrimonio con tu mejor amigo, una de las cosas que querrás seguir haciendo es trabajar en la intimidad. Cuando uso el término intimidad, me refiero a crear un espacio seguro dentro de tu comunicación donde tú y tu cónyuge puedan hablar libremente sobre sus fantasías, miedos y frustraciones sin tener miedo de ser juzgados, avergonzados, menospreciados o rechazados. Sin embargo, estas son las conversaciones que deben tenerse antes de decir "Sí, acepto" y después de decir "Sí, acepto." Cuando una pareja puede hablar de todo, se reducen los secretos en la relación y se crea una mayor aceptación, lo que puede mejorar la intimidad sexual. Un cónyuge puede sentirse solo cuando no puede compartir sus pensamientos y sentimientos con su pareja. Una vez que hay secretos, lleva a la desconfianza y el sufrimiento personal. Uno puede encontrarse presente físicamente pero ausente emocional o mentalmente.

11. **Practica una vida sexual sana y monógama.**

A menos que tengas disfunción sexual o problemas de salud, las parejas deben disfrutar de una experiencia sexual sana. Es esencial ser sensible a las necesidades sexuales de tu cónyuge. Participar en conversaciones íntimas donde se sientan libres para hablar de todo puede ayudar a proteger tu matrimonio de una posible infidelidad. Para algunas personas, estas conversaciones pueden ser incómodas, y si lo son y careces de herramientas de comunicación o tienes miedo, entonces busca ayuda profesional.

12. **Practica cuidar los sentimientos del otro.**

Por último, sé sensible a los sentimientos de tu cónyuge. Debes conocer lo suficiente a tu pareja como para saber qué le duele o qué lo hace feliz. Una forma de seguir haciendo esto es ser un oyente activo.

Resumen

Esperemos que la estrategia y las herramientas reveladas en el libro te ayuden a hacer una transición suave de *"Yo" a "Nosotros"*. También reconocerás que necesitas estar preparado para una aventura de encontrar pareja. Una cosa clave que debes recordar es no perder tu ***tiempo ni el de los demás en la búsqueda de un cónyuge.*** Conocerte a ti mismo y amarte a ti mismo es una preparación esencial antes de poder amar sinceramente a otra persona. Sin embargo, ten en cuenta que una de las estrategias clave o procesos de pensamiento que ***debes tener es gestionar tus relaciones; no dejes que la relación te gestione a ti.***

En la ***etapa de citas***, te han hecho consciente de cómo tu tipo de personalidad puede trabajar a tu favor o en tu contra. A medida que te aventures a hacer nuevos amigos, recuerda no entrar en una relación exclusiva con un desconocido demasiado pronto. Mantener tu autonomía es un gran aspecto de estar soltero. Sé audaz y valiente con esta postura porque te ayuda a filtrar a las personas que pueden estar buscándote por las razones equivocadas.

Una vez que entres en la ***etapa de cortejo***, mantén esos límites saludables y mira más allá de la superficie de la persona que estás conociendo. Pide permiso para pasar más tiempo con ellos sin renunciar a tu autonomía. Recuerda que, a menos que estés comprometido con el anillo y se haya establecido una fecha de boda, deberías ***seguir en el mercado.*** Si no estás casado, ***mantén una relación no exclusiva.*** Conoce a la familia y aprende sobre sus valores y si es una buena combinación para ti. Recuerda, antes de aceptar una propuesta de matrimonio, asiste a al menos diez semanas de consejería prematrimonial con alguien ***que utilice evaluaciones Prepare-Enrich.***

Cuando llegues a *la etapa de compromiso*, estarás muy cerca de tomar una decisión de por vida. Aquí es donde todas tus habilidades de comunicación y resolución de conflictos son una fortaleza y no una debilidad en tu relación. Recuerda hablar sobre cualquier cosa que te esté molestando. Mantente alerta ante problemas inesperados o tentaciones. Puede que estés cuestionando tu decisión. Este es un momento muy vulnerable. Tus verdaderos amigos o psicoterapeutas deberían ser capaces de impartir sabiduría para ayudarte a procesar tu ansiedad. Recuerda, ahora estás en una relación exclusiva con la persona que amas. Esta etapa es más como un compromiso formal. Puedes comenzar a ver a esta persona como tu cónyuge.

Una vez que te cases, pasarás toda *la vida aprendiendo a estar casado con la persona que has elegido.* La *etapa del matrimonio* es la más satisfactoria de las cuatro etapas de la relación con tu pareja íntima. Hasta este momento, has navegado por todas las etapas, y ahora tu nuevo estado es **"Casado"**. La búsqueda ha terminado. Has hecho el trabajo preliminar. Sigue nutriendo tu relación. A medida que creces juntos, conéctate con otras parejas que hayan estado felizmente casadas durante más de cinco años. Asiste a retiros matrimoniales que satisfagan tus necesidades y disfruta el viaje juntos.

Referencias

- Intimate Partner, IGI Global Publishing House. (https://www.igi-global.com/dictionary/intimate-partner/82791#google_vignette).

- Olson, D. H. y Olson (2000) PREPARE/ENRICH

- Chapman, Gary D. 2010. The Five Love Languages Farmington Hills, MI

- Gottman, John Mordechai y Nan. Silver (20000 The Seven Principles for Making Marriage Work. Nueva York, Three Rivers Press

- Jeremy Nicholson M.S.W., Ph.D. 3 Reasons Why We Don't Commit to Relationships https://www.psychologytoday.com/us/blog/the-attraction-doctor/201506/3-reasons-why-we-dont-commit-to-relationships

- Santa Biblia: Nueva Traducción Americana. 1995, 2020. LaHabra, CA: The Lockman Foundation.

- Fast Facts: HIV en EE. UU. por raza y etnia https://www.cdc.gov/hiv/data-research/facts-stats/race-ethnicity.html

- Fredric Neuman, MD, Why Some People Can't Find Anyone to Marry? https://www.psychologytoday.com/us/blog/fighting-fear/201304/why-some-people-cant-find-anyone-to-marry?eml

- Scott Stanley y Galena Rhoades, What's the plan? Cohabitation, Engagement, and Divorce. https://ifstudies.org/reports/whats-the-plan-cohabitation/2023/executive-summary

- Hormonas y neurotransmisores producidos durante la actividad sexual, https://www.vinmec.com/eng/article/hormones-and-transmitters-produced-during-sexual-activity-en

- Adrienne Santos-Longhurst, 12 de julio de 2023, Why Is Oxytocin Known as the 'Love Hormone'? https://www.healthline.com/health/love-hormone

- Violencia doméstica https://www.justice.gov/ovw/domestic-violence

- Estadísticas reveladoras sobre el divorcio en 2024 Christy Bieber, J.D. https://www.forbes.com/advisor/legal/divorce/divorce-statistics

- The art of non-conformity https://chrisguillebeau.com/to-stop-insanity-its-not-just-about-doing-things-differently

www.ingramcontent.com/pod-product-compliance
Lightning Source LLC
Chambersburg PA
CBHW050816160726
48004CB00002B/865